AURÉLIE CÔTÉ

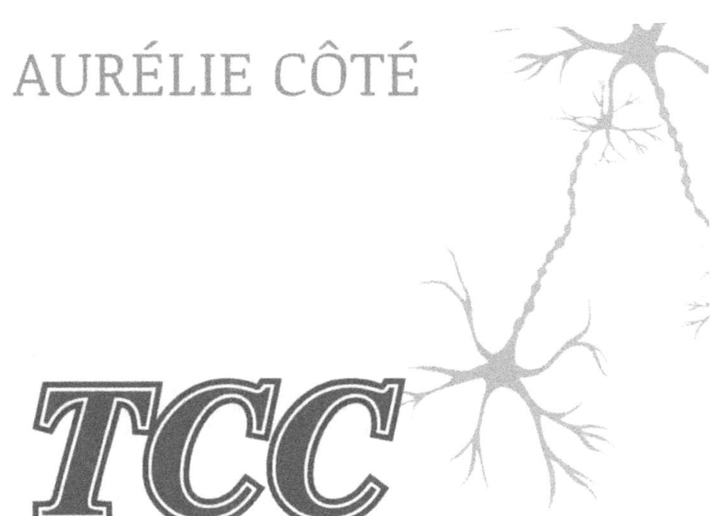

TCC

Axée Sur le Traumatisme pour les Adultes

Apprenez les techniques efficaces de TCC pour réduire les symptômes du SSPT, améliorer la régulation émotionnelle et améliorer le bien-être.

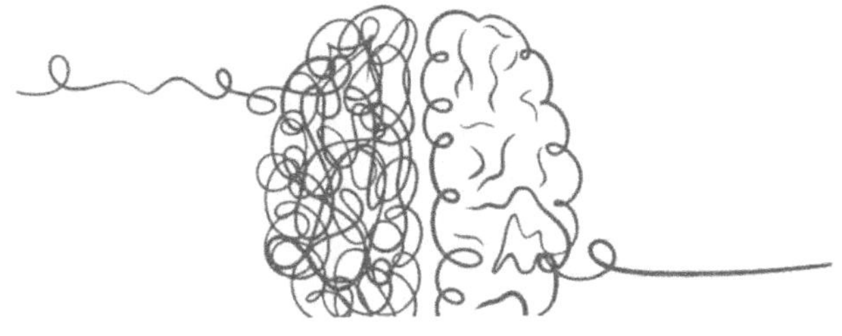

TCC axée sur le traumatisme

pour les adultes

Apprenez les techniques efficaces de TCC pour réduire les symptômes du SSPT, améliorer la régulation émotionnelle et améliorer le bien-être.

AURÉLIE CÔTÉ

Table des matières

Introduction

La thérapie cognitivo-comportementale axée sur le traumatisme (TF-CBT) est une approche de traitement très efficace, fondée sur des données probantes, conçue pour aider les survivants adultes de traumatismes à gérer leurs symptômes, à traiter leurs expériences et à améliorer leur qualité de vie globale. Ce type de thérapie est fondé sur la compréhension que le traumatisme peut avoir un impact profond sur les pensées, les sentiments et les comportements d'un individu, et vise à fournir un environnement sûr et favorable au traitement et à la guérison.

La TF-TCC est basée sur les principes de la thérapie cognitivo-comportementale (TCC), qui suggère que nos pensées, nos sentiments et nos actions sont interconnectés et peuvent être influencés par nos expériences et notre environnement. Dans le contexte d'un traumatisme, la TF-TCC aide les individus à identifier et à remettre en question les schémas de pensée, les croyances et les comportements négatifs qui peuvent contribuer à leur détresse. Grâce à ce processus, les individus peuvent développer des stratégies d'adaptation plus adaptatives, améliorer leur régulation émotionnelle et améliorer leur bien-être général.

L'un des éléments clés de la TF-CBT est l'accent mis sur le traitement des traumatismes. Il s'agit d'aider les personnes à faire face à leurs expériences traumatisantes et à donner un sens à celles-ci dans un environnement sûr et contrôlé. Ce processus peut être incroyablement difficile, mais c'est aussi une étape essentielle dans le parcours de guérison. En traitant leur traumatisme, les individus peuvent commencer à se libérer du fardeau émotionnel qui les a pesés et commencer à reconstruire leur sentiment de contrôle et d'autonomisation.

La TF-TCC est généralement fournie dans le cadre d'une thérapie individuelle, bien que la thérapie de groupe puisse également être efficace dans certaines circonstances. Les séances durent généralement entre 60 et 90 minutes et peuvent avoir lieu toutes les semaines ou toutes les deux semaines. La durée du traitement varie en fonction des besoins et des objectifs spécifiques de l'individu, mais varie généralement de 12 à 24 séances.

Importance de demander de l'aide

Demander de l'aide pour un traumatisme peut être un processus intimidant et intimidant, mais il s'agit d'une étape cruciale dans le parcours de guérison. Les traumatismes peuvent avoir un impact profond sur la qualité de vie, les relations et le bien-être général d'une personne. S'il n'est pas traité, le traumatisme peut entraîner une série de conséquences négatives, notamment l'anxiété, la dépression, le trouble de stress post-traumatique (SSPT), la toxicomanie et même le suicide.

Malgré l'importance de demander de l'aide, de nombreuses personnes ont du mal à faire le premier pas. Cela peut être dû à une série de facteurs, notamment la honte, la culpabilité, la peur ou simplement le fait de ne pas savoir vers qui se tourner. Cependant, il est important de se rappeler que demander de l'aide est un signe de force et non de faiblesse. En cherchant de l'aide, les individus peuvent faire le premier pas vers la guérison, le rétablissement et la réappropriation de leur vie.

Le traumatisme peut toucher n'importe qui, quel que soit son âge, son sexe ou ses antécédents. Ce n'est pas un signe de faiblesse, et ce n'est pas quelque chose dont les individus peuvent simplement « se sortir ». Le traumatisme est un problème grave qui nécessite un traitement sérieux, et demander de l'aide est la première étape vers la guérison. En cherchant de l'aide, les individus peuvent avoir accès à une gamme de traitements efficaces, y compris TF-CBT, et commencer à reconstruire leur vie.

En plus des avantages individuels de demander de l'aide, il y a aussi des implications sociétales plus larges. En cherchant de l'aide, les individus peuvent aider à briser la stigmatisation entourant les traumatismes et la santé mentale, et contribuer à une société plus solidaire et compatissante. Ceci, à son tour, peut aider à créer une culture qui encourage les individus à demander de l'aide sans craindre d'être jugés ou rejetés.

En fin de compte, demander de l'aide pour un traumatisme est une étape courageuse et importante dans le parcours de guérison. C'est un signe de force, de résilience et de détermination, et peut être le premier pas vers un avenir meilleur et plus sain.

FONDEMENTS DE LA TCC AXÉE SUR LES TRAUMATISMES

Chapitre 1

ÉTABLIR UNE RELATION THÉRAPEUTIQUE SÉCURISÉE

Une relation thérapeutique sécurisée est le fondement d'une thérapie efficace, offrant un environnement sûr et favorable aux clients pour explorer leurs pensées, leurs sentiments et leurs expériences. Cette relation est fondée sur la confiance, l'empathie et la compréhension, ce qui permet aux clients de se sentir à l'aise de partager leurs difficultés personnelles et de travailler à la guérison. Une relation thérapeutique sûre se caractérise par le respect mutuel, la cohérence et la fiabilité, créant un sentiment de stabilité et de sécurité pour le client.

Dans une relation thérapeutique sécurisée, le thérapeute écoute activement et comprend le point de vue du client, en reconnaissant ses émotions et en validant ses expériences. Le thérapeute établit également des limites et des attentes claires, assurant une relation professionnelle exempte d'exploitation ou de préjudice. Cette définition des limites contribue à créer un sentiment de sécurité et de confiance, ce qui permet au client de se sentir à l'aise pour explorer ses pensées et ses sentiments sans craindre d'être jugé ou rejeté.

Une relation thérapeutique sécurisée n'est pas seulement un atout, c'est un incontournable pour une thérapie efficace. Sans une relation sécurisée, les clients peuvent se sentir mal à l'aise de partager leurs difficultés personnelles et la thérapie peut ne pas être efficace. Une relation thérapeutique sécurisée aide les clients à se sentir entendus, validés et compris, ce qui est essentiel pour établir la confiance et travailler vers le rétablissement.

La relation thérapeutique a la particularité d'être une relation professionnelle à caractère personnel. Le thérapeute n'est pas seulement un expert, mais aussi un guide de soutien qui aide le client à relever ses défis. Le rôle du thérapeute n'est pas de résoudre les problèmes du client, mais de l'aider à développer les compétences et les stratégies dont il a besoin pour surmonter ses défis.

Une relation thérapeutique sûre est essentielle pour établir la confiance, et la confiance est la base d'une thérapie efficace. Lorsque les clients font confiance à leur thérapeute, ils sont plus susceptibles de partager leurs difficultés personnelles et la thérapie est plus susceptible d'être efficace. La confiance est fondée sur la cohérence, la fiabilité et l'empathie, et il est de la responsabilité du thérapeute d'établir et de maintenir une relation thérapeutique sûre.

Établir des limites et la confidentialité

L'établissement de limites et de confidentialité est essentiel pour créer une relation thérapeutique sûre. Les limites aident à établir une compréhension claire de la relation thérapeutique, et la confidentialité aide à garantir la confidentialité des renseignements personnels du client. Les limites et la confidentialité contribuent à créer un sentiment de sécurité et de confiance, ce qui permet au client de se sentir à l'aise de partager ses difficultés personnelles.

Les limites sont essentielles pour établir une compréhension claire de la relation thérapeutique. Ils aident à définir les rôles et les responsabilités du thérapeute et du client, et ils aident à établir une compréhension claire de ce qui est et n'est pas un comportement acceptable. Les limites aident à créer un sentiment de sécurité et de confiance, ce qui permet au client de se sentir à l'aise de partager ses difficultés personnelles.

La confidentialité est également essentielle pour créer une relation thérapeutique sécurisée. Cela permet de s'assurer que les informations personnelles du client restent privées, et cela aide à établir une relation de confiance entre le thérapeute et le client. La confidentialité n'est pas seulement une exigence légale, mais aussi une exigence éthique. Les thérapeutes ont la responsabilité de garder les informations personnelles de leurs clients confidentielles, et la violation de la confidentialité peut avoir de graves conséquences.

L'établissement de limites et de confidentialité aide à créer un sentiment de sécurité et de confiance, ce qui permet au client de se sentir à l'aise de partager ses difficultés personnelles. C'est essentiel pour construire une relation thérapeutique sûre, et c'est la responsabilité du thérapeute d'établir et de maintenir ces limites. En établissant des limites claires et en assurant la confidentialité, les thérapeutes peuvent aider leurs clients à se sentir entendus, validés et compris, ce qui est essentiel pour établir la confiance et travailler vers le rétablissement.

Établir la confiance par l'empathie et la compréhension

L'établissement de la confiance est un aspect crucial de l'établissement d'une relation thérapeutique sûre. La confiance se construit lorsque le thérapeute fait preuve d'empathie et de compréhension envers les expériences et les émotions du client. L'empathie est la capacité de comprendre et de partager les sentiments d'une autre personne, et elle est essentielle pour établir la confiance dans la relation thérapeutique. Lorsque le thérapeute fait preuve d'empathie envers le client, cela aide le client à se sentir écouté et validé, ce qui crée un sentiment de sécurité et de confiance.

L'empathie ne consiste pas seulement à s'apitoyer sur le client, mais aussi à comprendre son point de vue et à reconnaître ses émotions. Le thérapeute doit s'efforcer de comprendre les expériences et les émotions du client et de les reconnaître sans porter de jugement. Cela aide le client à se sentir à l'aise pour partager ses difficultés personnelles, et cela crée un sentiment de confiance et de rapport entre le thérapeute et le client.

L'empathie se construit par l'écoute active, qui consiste à prêter attention aux mots, au ton et au langage corporel du client. Le thérapeute doit maintenir un contact visuel, hocher la tête pour montrer qu'il est engagé et poser des questions ouvertes pour encourager le client à partager davantage. L'écoute active aide le thérapeute à comprendre le point de vue du client, et cela aide le client à se sentir écouté et validé.

Établir la confiance par l'empathie et la compréhension demande du temps et des efforts. Ce n'est pas quelque chose qui peut être précipité, et il est important de se rappeler que la confiance se construit progressivement. Le thérapeute doit être patient, cohérent et fiable, ce qui aide à établir un sentiment de sécurité et de confiance. La confiance est le fondement de la relation thérapeutique, et elle est essentielle pour construire une relation thérapeutique sûre.

Créer un environnement sûr pour partager des expériences traumatisantes

La création d'un environnement sûr pour le partage d'expériences traumatisantes est essentielle à l'établissement d'une relation thérapeutique sûre. Les expériences traumatisantes peuvent être difficiles à partager, et il est important de créer un environnement où le client se sent à l'aise de partager ses expériences sans craindre d'être jugé ou rejeté. Le thérapeute doit s'efforcer de créer un environnement sûr et favorable, où le client se sent entendu, validé et compris.

La création d'un environnement sûr implique l'établissement de limites claires et de confidentialité, ainsi que la création d'un espace physique confortable et non menaçant. Le thérapeute doit également être conscient de ses propres préjugés et émotions, et s'efforcer de créer un espace sans jugement pour que le client puisse partager ses expériences.

Le thérapeute doit également être conscient de l'état émotionnel du client et être prêt à gérer les émotions difficiles qui peuvent survenir pendant la séance. Cela implique d'être empathique, compréhensif et validant, tout en maintenant des limites professionnelles. Le thérapeute doit s'efforcer de créer un sentiment de sécurité et de confiance, ce qui aide le client à se sentir à l'aise de partager ses expériences traumatisantes.

La création d'un environnement sûr pour partager des expériences traumatisantes demande du temps et des efforts. Il est important de se rappeler que l'établissement de la confiance et la création d'un environnement sûr sont un processus continu qui nécessite de la patience, de la cohérence et de la fiabilité. Le thérapeute doit s'engager à créer un environnement sûr et favorable, qui aide le client à se sentir à l'aise de partager ses expériences et de travailler vers le rétablissement.

Chapitre 2

COMPRENDRE LES TRAUMATISMES, LEURS EFFETS ET L'APPROCHE TCC

Le traumatisme est un concept complexe et multidimensionnel qui peut avoir un impact profond sur la vie d'un individu. À la base, le traumatisme fait référence à une expérience profondément pénible ou perturbante qui peut entraîner des dommages émotionnels et psychologiques durables. Les expériences traumatisantes peuvent prendre de nombreuses formes, notamment la violence physique ou psychologique, les agressions sexuelles, les catastrophes naturelles, les accidents et les combats.

Il est important de reconnaître que le traumatisme ne se limite pas à des événements grandioses et catastrophiques. Même des expériences plus petites et plus subtiles peuvent être traumatisantes, comme l'intimidation, le harcèlement ou la négligence. De plus, le traumatisme peut être perpétué par des problèmes systémiques comme le racisme, le sexisme et d'autres formes de discrimination.

Il existe plusieurs types de traumatismes, chacun ayant ses propres caractéristiques et effets. Le traumatisme aigu fait référence à un événement unique et discret, tandis que le traumatisme complexe décrit des expériences traumatisantes répétées et prolongées. Les traumatismes développementaux surviennent pendant les périodes critiques du développement, comme l'enfance, et peuvent avoir un impact profond sur l'estime de soi et la vision du monde d'une personne.

Comprendre la définition et les types de traumatismes est crucial pour développer des traitements et des stratégies de soutien efficaces. En reconnaissant la complexité et la variabilité des expériences traumatisantes, nous pouvons mieux répondre aux besoins et aux défis uniques des personnes qui ont été touchées par un traumatisme.

Les effets des traumatismes sur la santé mentale et la vie quotidienne

Les traumatismes peuvent avoir un impact profond sur la santé mentale et la vie quotidienne d'une personne. Immédiatement après un événement traumatisant, les individus peuvent ressentir un choc, un déni et un engourdissement. Au fur et à mesure que la réalité de l'événement s'installe, ils peuvent commencer à ressentir toute une gamme d'émotions, notamment l'anxiété, la dépression, la colère et la culpabilité.

Le traumatisme peut également conduire au développement d'un trouble de stress post-traumatique (SSPT), un état caractérisé par des flashbacks, des cauchemars et l'évitement des déclencheurs qui leur rappellent l'événement traumatisant. D'autres problèmes de santé mentale, tels que le trouble de la personnalité limite et le trouble traumatique complexe, peuvent également être liés à des expériences traumatisantes.

En plus de son impact sur la santé mentale, le traumatisme peut également affecter la vie quotidienne de manière profonde. Les individus peuvent souffrir de troubles du sommeil, de difficultés de concentration et d'irritabilité. Ils peuvent également ressentir des symptômes physiques tels que des douleurs chroniques, de la fatigue et des problèmes gastro-intestinaux.

Les traumatismes peuvent également avoir un impact sur les relations, le travail et les activités quotidiennes. Les individus peuvent avoir du mal à maintenir des relations saines, éprouver des difficultés à réguler leurs émotions et avoir du mal à accomplir leurs tâches et à assumer leurs responsabilités. Dans les cas extrêmes, le traumatisme peut conduire à des idées suicidaires et à l'automutilation.

Comprendre les effets des traumatismes sur la santé mentale et la vie quotidienne est essentiel pour fournir un soutien et un traitement efficaces. En reconnaissant la complexité et la variabilité des expériences traumatisantes, nous pouvons mieux répondre aux besoins et aux défis uniques des personnes qui ont été touchées par un traumatisme.

Introduction à la TCC et à son approche du traitement des traumatismes

La thérapie cognitivo-comportementale (TCC) est une forme de psychothérapie largement utilisée et très efficace qui se concentre sur la relation entre les pensées, les sentiments et les comportements. Dans le contexte du traitement des traumatismes, la TCC aide les individus à identifier et à remettre en question les schémas de pensée, les croyances et les comportements négatifs qui contribuent à leur détresse. Cette approche est basée sur l'idée que nos pensées, nos sentiments et nos actions sont interconnectés, et qu'en changeant les pensées et les comportements inadaptés, nous pouvons améliorer notre bien-être émotionnel et psychologique.

La TCC aborde le traitement des traumatismes en mettant l'accent sur l'autonomisation et le contrôle. Plutôt que de simplement traiter les expériences traumatisantes, la TCC aide les individus à développer les compétences et les stratégies dont ils ont besoin pour gérer leurs symptômes, réguler leurs émotions et améliorer leur qualité de vie globale. Cette approche reconnaît que les individus ont la capacité de changer leurs propres pensées, sentiments et comportements, et leur fournit les outils et le soutien dont ils ont besoin pour le faire.

L'un des principes clés de la TCC est que les pensées, les sentiments et les comportements sont interconnectés. Lorsque nous vivons un événement traumatisant, cela peut conduire à des pensées et des croyances négatives sur nous-mêmes, les autres et le monde qui nous entoure. Ces pensées et croyances peuvent ensuite contribuer à des sentiments d'anxiété, de dépression et d'autres problèmes de santé mentale. En identifiant et en remettant en question ces pensées et croyances négatives, les individus peuvent développer des modes de pensée et de comportement plus adaptatifs, ce qui peut conduire à une amélioration du bien-être émotionnel et psychologique.

La TCC pour le traitement des traumatismes implique généralement plusieurs éléments clés, notamment l'éducation sur les traumatismes et leurs effets, l'identification et la remise en question des schémas de pensée négatifs, le développement de compétences et de stratégies d'adaptation et le traitement des expériences traumatisantes. Grâce à ce processus, les individus peuvent mieux comprendre leurs expériences, développer des modes de pensée et de comportement plus adaptatifs et améliorer leur santé mentale et leur bien-être en général.

L'approche TCC du traitement des traumatismes est très efficace car elle fournit aux individus les outils et le soutien dont ils ont besoin pour gérer leurs symptômes et améliorer leur qualité de vie. En mettant l'accent sur l'autonomisation et le contrôle, la TCC aide les individus à développer un sentiment d'autonomie et d'auto-efficacité, ce qui est essentiel à la guérison et au rétablissement. De plus, la TCC est une approche très flexible qui peut être adaptée pour répondre aux besoins et aux objectifs uniques de chaque individu.

Fixer des objectifs et des attentes pour la thérapie

L'établissement d'objectifs et d'attentes est une partie essentielle du processus de thérapie, en particulier lorsqu'il s'agit de travailler avec des personnes qui ont subi un traumatisme. Les objectifs et les attentes aident à guider le processus de thérapie, à donner une idée de l'orientation et du but, et à aider les individus à mesurer leurs progrès et leur succès. En fixant des objectifs et des attentes clairs, les individus peuvent jouer un rôle actif dans leur processus de thérapie, développer un sentiment de contrôle et d'autonomisation, et travailler à l'atteinte des résultats souhaités.

Lors de l'établissement des objectifs et des attentes pour la thérapie, il est important de prendre en compte plusieurs facteurs, notamment les besoins et les défis spécifiques de l'individu, ses valeurs et croyances personnelles et ses objectifs généraux pour la thérapie. Les objectifs doivent être spécifiques, mesurables, réalisables, pertinents et limités dans le temps (SMART), et doivent être élaborés en collaboration avec le thérapeute. Cela permet de s'assurer que les objectifs sont réalistes et réalisables, et que l'individu est investi dans le processus de thérapie.

Parmi les objectifs communs de la TCC axée sur les traumatismes, citons la réduction des symptômes du TSPT et d'autres problèmes de santé mentale, l'amélioration de la régulation émotionnelle et des capacités d'adaptation, l'amélioration des relations et du soutien social, et l'amélioration de la qualité de vie globale. Les attentes en matière de thérapie peuvent inclure une présence régulière, une participation active et une communication honnête avec le thérapeute. En fixant des objectifs et des attentes clairs, les individus peuvent développer un sens du but et de l'orientation, et travailler à l'atteinte des résultats souhaités.

Il est important de noter que les objectifs et les attentes peuvent changer au cours de la thérapie, à mesure que les individus progressent et grandissent. L'examen et la mise à jour réguliers des objectifs et des attentes peuvent aider à garantir que le processus de thérapie reste ciblé et efficace. De plus, l'établissement d'objectifs et d'attentes peut aider les individus à développer un sentiment de responsabilité et de motivation, ce qui peut être essentiel pour progresser dans la thérapie.

En fixant des objectifs et des attentes clairs, les individus peuvent jouer un rôle actif dans leur processus de thérapie et travailler à l'obtention des résultats souhaités. Cette approche reconnaît que les individus ont la capacité de changer leurs propres pensées, sentiments et comportements, et leur fournit les outils et le soutien dont ils ont besoin pour le faire. En mettant l'accent sur l'autonomisation et le contrôle, l'établissement d'objectifs et d'attentes peut être un outil puissant de guérison et de rétablissement.

TRAITER LES EXPÉRIENCES TRAUMATISANTES

Chapitre 3

TRAITEMENT DES SOUVENIRS TRAUMATISANTS

Le traitement des souvenirs traumatisants est une étape cruciale dans le parcours de guérison des personnes qui ont subi un traumatisme. Les souvenirs traumatisants peuvent être incroyablement pénibles et peuvent avoir un impact profond sur la santé mentale et le bien-être d'une personne. En traitant ces souvenirs, les individus peuvent commencer à se libérer du fardeau émotionnel qui les pesait et commencer à reconstruire leur sentiment de contrôle et d'autonomisation.

L'une des principales raisons pour lesquelles le traitement des souvenirs traumatisants est si important est qu'il permet aux individus de reconnaître et de valider leurs expériences. Lorsque des événements traumatisants se produisent, les individus peuvent avoir l'impression d'être seuls dans leur souffrance ou que leurs expériences sont en quelque sorte moins valables que celles des autres. En traitant leurs souvenirs, les individus peuvent commencer à comprendre que leurs expériences sont réelles et qu'elles méritent d'être reconnues et validées. Cela peut être une étape puissante dans le processus de guérison, car cela permet aux individus de commencer à se débarrasser des sentiments de honte et d'auto-culpabilité.

Le traitement des souvenirs traumatisants permet également aux individus de développer une meilleure compréhension d'eux-mêmes et de leurs expériences. Lorsque des événements traumatisants se produisent, les individus peuvent avoir l'impression d'être coincés dans un cycle sans fin de douleur et de souffrance. En traitant leurs souvenirs, les individus peuvent commencer à voir leurs expériences sous un nouveau jour et développer une meilleure compréhension de l'impact de leur traumatisme sur leur vie. Cela peut être un outil puissant pour la croissance personnelle et la guérison, car cela permet aux individus de développer un plus grand sens de la conscience de soi et de la compréhension.

En plus des avantages personnels, le traitement des souvenirs traumatisants peut également avoir un impact profond sur les relations d'un individu. Lorsque des événements traumatisants se produisent, les individus peuvent se sentir isolés et seuls dans leur souffrance. En traitant leurs souvenirs, les individus peuvent commencer à développer un plus grand sentiment de connexion et d'empathie avec les autres. Cela peut être un outil puissant pour construire des relations plus fortes et plus significatives, car cela permet aux individus de développer une meilleure compréhension d'eux-mêmes et des autres.

Enfin, le traitement des souvenirs traumatisants est important car il permet aux individus de développer un plus grand sentiment de contrôle et d'autonomisation. Lorsque des événements traumatisants se produisent, les individus peuvent se sentir impuissants à empêcher le traumatisme de se produire. En traitant leurs souvenirs, les individus peuvent commencer à développer un plus grand sentiment de contrôle sur leurs expériences et leurs émotions. Cela peut être un outil puissant de guérison, car il permet aux individus de développer un plus grand sentiment d'autonomie et d'auto-efficacité.

Techniques de gestion de la détresse pendant le rappel de la mémoire

La gestion de la détresse pendant le rappel de la mémoire est une partie essentielle du traitement des souvenirs traumatiques. Il peut s'agir d'un processus difficile et émotionnel, et il est important que les individus aient les outils et le soutien dont ils ont besoin pour gérer leur détresse et réguler leurs émotions. Une technique pour gérer la détresse pendant le rappel de la mémoire est les exercices de respiration profonde. La respiration profonde peut aider les individus à calmer leur corps et leur esprit, réduisant ainsi les sentiments d'anxiété et de panique. En se concentrant sur leur respiration, les individus peuvent commencer à se sentir plus ancrés et centrés, ce qui peut les aider à gérer leur détresse et à réguler leurs émotions.

Une autre technique pour gérer la détresse pendant le rappel de la mémoire est les techniques d'ancrage. Les techniques d'ancrage, telles que la concentration sur les cinq sens, peuvent aider les individus à se ramener au moment présent et à réduire les sentiments de déconnexion et de dissociation. Par exemple, les individus peuvent se concentrer sur la sensation de leurs pieds sur le sol, les sons autour d'eux ou la sensation de l'air sur leur peau. En se concentrant sur ces sensations physiques, les individus peuvent commencer à se sentir plus ancrés et connectés à leur corps, ce qui peut les aider à gérer leur détresse et à réguler leurs émotions.

La restructuration cognitive est une autre technique qui peut être utile pour gérer la détresse pendant le rappel de la mémoire. La restructuration cognitive consiste à identifier les schémas de pensée négatifs et à les recadrer de manière plus positive ou neutre. Par exemple, les personnes peuvent se dire : « Je suis en sécurité maintenant et je peux gérer ce souvenir. » En recadrant leurs pensées de manière plus positive, les individus peuvent commencer à se sent'r plus en contrôle de leurs émotions et moins submergés par leurs souvenirs.

L'activité physique est une autre technique qui peut être utile pour gérer la détresse pendant le rappel de la mémoire. L'activité physique, comme le yoga ou la marche, peut aider les individus à relâcher les tensions et à améliorer leur humeur. En pratiquant une activité physique, les individus peuvent commencer à se sentir plus détendus et centrés, ce qui peut les aider à gérer leur détresse et à réguler leurs émotions.

Enfin, le soutien social est une technique essentielle pour gérer la détresse lors du rappel de la mémoire. Le soutien social, comme parler à un ami ou à un thérapeute, peut procurer aux individus un sentiment de connexion et de validation, réduisant ainsi les sentiments de solitude et d'isolement. En parlant à quelqu'un de ses souvenirs, les individus peuvent commencer à se sentir entendus et compris, ce qui peut les aider à gérer leur détresse et à réguler leurs émotions.

Stratégies pour accroître le contrôle sur les souvenirs traumatiques

L'un des aspects les plus importants du traitement des souvenirs traumatisants est d'accroître le contrôle sur les souvenirs eux-mêmes. Lorsque des événements traumatisants se produisent, les individus peuvent avoir l'impression d'être à la merci de leurs souvenirs, sans aucun contrôle sur le moment ou la manière dont ils surgissent. Cependant, en développant des stratégies pour accroître le contrôle des souvenirs traumatiques, les individus peuvent commencer à se sentir plus autonomes et responsables de leur parcours de guérison.

Une stratégie pour accroître le contrôle sur les souvenirs traumatiques est de pratiquer l'autocompassion. L'autocompassion implique de se traiter avec gentillesse, compréhension et acceptation, même face à des émotions et des souvenirs difficiles. En pratiquant l'autocompassion, les individus peuvent commencer à développer un plus grand sentiment de contrôle sur leurs souvenirs, car ils apprennent à les approcher avec un sentiment de curiosité et d'ouverture plutôt qu'avec peur et évitement.

Une autre stratégie pour accroître le contrôle sur les souvenirs traumatiques consiste à développer un sentiment d'ancrage. L'ancrage consiste à se concentrer sur le moment présent et son environnement physique, plutôt que de se laisser emporter par le passé ou le futur. En développant un sentiment d'ancrage, les individus peuvent commencer à se sentir plus connectés à leur corps et au monde qui les entoure, ce qui peut les aider à se sentir plus en contrôle de leurs souvenirs.

La pleine conscience est une autre stratégie qui peut être utile pour augmenter le contrôle des souvenirs traumatiques. La pleine conscience consiste à prêter attention au moment présent, sans jugement ni distraction. En pratiquant la pleine conscience, les individus peuvent commencer à développer un plus grand sentiment de contrôle sur leurs souvenirs, car ils apprennent à les approcher avec un sentiment de curiosité et d'ouverture plutôt qu'avec peur et évitement.

En plus de ces stratégies, il peut également être utile de développer un sentiment de contrôle sur son environnement. Il peut s'agir de créer un espace sûr et confortable pour le traitement des souvenirs, ou d'établir une routine quotidienne qui procure un sentiment de structure et de prévisibilité. En développant un sentiment de contrôle sur son environnement, les individus peuvent commencer à se sentir plus autonomes et responsables de leur parcours de guérison.

Enfin, il peut être utile de travailler avec un thérapeute ou un groupe de soutien pour développer des stratégies permettant d'accroître le contrôle des souvenirs traumatiques. Un thérapeute ou un groupe de soutien peut fournir un environnement sûr et favorable au traitement des souvenirs, ainsi que des conseils et du soutien dans l'élaboration de stratégies pour accroître le contrôle des souvenirs. En travaillant avec un thérapeute ou un groupe de soutien, les individus peuvent commencer à se sentir plus autonomes et responsables de leur parcours de guérison.

Exemples de traitement réussi de la mémoire

Il existe de nombreux exemples de traitement réussi de la mémoire qui illustrent l'efficacité des stratégies décrites ci-dessus. Un exemple est l'histoire d'une femme qui a vécu un accident de voiture traumatisant dans son enfance. Pendant des années, elle avait évité de penser à l'accident, craignant qu'il ne déclenche des émotions et des souvenirs accablants. Cependant, avec le soutien d'un thérapeute, elle a commencé à traiter ses souvenirs de l'accident, en utilisant des stratégies telles que l'autocompassion, l'ancrage et la pleine conscience.

Au fur et à mesure qu'elle traitait ses souvenirs, elle a commencé à se sentir plus en contrôle de ses émotions et de ses souvenirs, et a pu développer un plus grand sens de la compréhension et de l'acceptation de ses expériences. Elle a également commencé à remarquer des améliorations dans sa vie quotidienne, comme une confiance accrue et un plus grand sentiment de calme face aux situations stressantes.

Un autre exemple est l'histoire d'un homme qui a vécu une expérience de combat traumatisante pendant son temps dans l'armée. Pendant des années, il avait lutté contre les flashbacks et les cauchemars, se sentant à la merci de ses souvenirs. Cependant, avec le soutien d'un thérapeute, il a commencé à traiter ses souvenirs de l'expérience de combat, en utilisant des stratégies telles que l'autocompassion, l'ancrage et la pleine conscience.

Au fur et à mesure qu'il traitait ses souvenirs, il a commencé à se sentir plus en contrôle de ses émotions et de ses souvenirs, et a pu développer un plus grand sens de la compréhension et de l'acceptation de ses expériences. Il a également commencé à remarquer des améliorations dans sa vie quotidienne, comme une confiance accrue et un plus grand sentiment de calme face aux situations stressantes.

Ces exemples illustrent l'efficacité des stratégies décrites ci-dessus et démontrent le potentiel de traitement et de guérison de la mémoire. En élaborant des stratégies pour accroître le contrôle sur les souvenirs traumatiques, les individus peuvent commencer à se sentir plus autonomes et responsables de leur parcours de guérison, et peuvent s'efforcer de développer un plus grand sentiment de compréhension et d'acceptation de leurs expériences.

Chapitre 4

REMETTRE EN QUESTION LES PENSÉES ET LES CROYANCES NÉGATIVES

'identification des pensées et des croyances négatives liées au traumatisme est une étape cruciale dans le processus de guérison. Lorsque des événements traumatisants se produisent, les individus peuvent développer des pensées et des croyances négatives sur eux-mêmes, les autres et le monde qui les entoure. Ces pensées et croyances peuvent être incroyablement pénibles et peuvent avoir un impact sur la santé mentale et le bien-être d'une personne. Par exemple, les individus peuvent développer des pensées telles que « Je suis à blâmer pour le traumatisme » ou « Je ne suis pas en sécurité dans le monde ». Ces pensées peuvent entraîner des sentiments de culpabilité, de honte et d'anxiété, qui peuvent être accablants et débilitants.

L'une des principales façons d'identifier les pensées et les croyances négatives liées au traumatisme est de prêter attention à son dialogue intérieur. Il s'agit d'être à l'écoute de ses pensées et de remarquer les tendances ou les thèmes qui peuvent être liés à l'événement traumatisant. Par exemple, les individus peuvent remarquer qu'ils ont des pensées telles que « J'aurais dû faire quelque chose pour prévenir le traumatisme » ou « Je ne suis pas assez bien ». En identifiant ces pensées et croyances, les individus peuvent commencer à comprendre comment elles affectent leurs émotions et leur comportement.

Une autre façon d'identifier les pensées et les croyances négatives liées au traumatisme est d'explorer ses émotions et ses sensations physiques. Lorsque les individus ressentent des émotions fortes comme l'anxiété, la dépression ou la colère, il peut être utile d'explorer les pensées et les croyances qui peuvent contribuer à ces sentiments. Par exemple, les personnes peuvent remarquer qu'elles se sentent anxieuses lorsqu'elles pensent à l'événement traumatisant, ou qu'elles ressentent un sentiment d'appréhension lorsqu'elles se trouvent dans une situation qui leur rappelle le traumatisme. En explorant ces émotions et ces sensations physiques, les individus peuvent commencer à identifier les pensées et les croyances négatives qui les motivent.

Il est important de noter que l'identification des pensées et des croyances négatives liées aux traumatismes peut être un processus difficile et émotionnel. Les individus peuvent avoir l'impression d'être confrontés à leurs peurs et à leurs insécurités les plus profondes, ce qui peut être incroyablement accablant. Cependant, en travaillant avec un thérapeute ou un groupe de soutien, les individus peuvent développer les outils et le soutien dont ils ont besoin pour naviguer dans ce processus. Avec l'aide d'un thérapeute ou d'un groupe de soutien, les individus peuvent apprendre à identifier et à remettre en question leurs pensées et croyances négatives, et à développer des modes de pensée plus équilibrés et réalistes.

En plus de ces stratégies, les individus peuvent également utiliser la tenue d'un journal ou l'écriture pour identifier les pensées et les croyances négatives liées aux traumatismes. En écrivant leurs pensées et leurs sentiments, les individus peuvent commencer à voir des modèles et des thèmes qui peuvent être liés à l'événement traumatisant. Cela peut être un outil puissant pour identifier les pensées et les croyances négatives, et peut aider les individus à développer un plus grand sens de la conscience de soi et de la compréhension.

Comprendre comment les pensées et les croyances influencent les émotions et le comportement

Comprendre comment les pensées et les croyances influencent les émotions et le comportement est essentiel pour remettre en question les pensées et les croyances négatives liées aux traumatismes. Lorsque les individus développent des pensées et des croyances négatives, cela peut avoir un impact profond sur leurs émotions et leur comportement. Par exemple, les personnes qui croient qu'elles sont à blâmer pour le traumatisme peuvent éprouver des sentiments de culpabilité et de honte, ce qui peut conduire à des comportements autodestructeurs comme la toxicomanie ou l'automutilation. Ces comportements peuvent être incroyablement dommageables et peuvent rendre difficile pour les individus de guérir et d'aller de l'avant.

Les pensées et les croyances peuvent également avoir un impact plus subtil sur le comportement d'un individu. Par exemple, les personnes qui croient qu'elles ne sont pas en sécurité dans le monde peuvent éviter les situations sociales ou devenir hypervigilantes, toujours à l'affût des menaces potentielles. Ces comportements peuvent être incroyablement limitatifs et peuvent rendre difficile pour les individus de nouer des liens significatifs avec les autres ou de s'engager dans des activités qui leur apportent de la joie.

En plus d'avoir un impact sur le comportement, les pensées et les croyances peuvent également avoir un impact sur la santé physique d'un individu. Par exemple, les personnes qui souffrent de stress et d'anxiété chroniques en raison de pensées et de croyances négatives peuvent développer des problèmes de santé physique comme l'hypertension ou des problèmes gastro-intestinaux. Ces problèmes de santé physique peuvent être incroyablement débilitants et peuvent rendre difficile pour les individus de s'engager dans des activités qui leur apportent joie et épanouissement.

Il est important de noter que les pensées et les croyances ne sont pas des faits, mais plutôt des interprétations d'expériences. En remettant en question les pensées et les croyances négatives, les individus peuvent commencer à développer des modes de pensée plus équilibrés et réalistes, ce qui peut conduire à une amélioration de la régulation émotionnelle et du comportement. Cela peut être un outil incroyablement puissant pour la guérison et la croissance, et peut aider les individus à développer un plus grand sentiment de contrôle sur leurs émotions et leur comportement.

En comprenant comment les pensées et les croyances influencent les émotions et le comportement, les individus peuvent commencer à voir comment leurs pensées et croyances négatives peuvent les freiner. Cela peut être un outil puissant pour la croissance personnelle et la guérison, et peut aider les individus à développer un plus grand sentiment de conscience de soi et de compréhension. Grâce à cette compréhension, les individus peuvent commencer à remettre en question leurs pensées et croyances négatives et développer des modes de pensée plus équilibrés et réalistes.

Techniques pour défier et remplacer les pensées négatives

Remettre en question et remplacer les pensées négatives est une étape cruciale dans le processus de guérison. Lorsque les individus développent des pensées et des croyances négatives, cela peut avoir un impact profond sur leurs émotions et leur comportement. En remettant en question et en remplaçant ces pensées, les individus peuvent commencer à développer des modes de pensée plus équilibrés et plus réalistes, ce qui peut conduire à une amélioration de la régulation émotionnelle et du comportement.

Une technique pour remettre en question et remplacer les pensées négatives consiste à identifier et à remettre en question le discours intérieur négatif. Le discours intérieur négatif consiste à faire des déclarations négatives sur soi-même, telles que « Je suis un échec » ou « Je ne suis pas assez bon ». En identifiant et en remettant en question ces énoncés, les individus peuvent commencer à développer des modes de pensée plus équilibrés et réalistes. Par exemple, les personnes peuvent contester l'affirmation « Je suis un échec » en se demandant « Quelles preuves ai-je pour cette affirmation ? » ou « Cette affirmation est-elle vraiment vraie ? »

Une autre technique pour remettre en question et remplacer les pensées négatives consiste à pratiquer la restructuration cognitive. La restructuration cognitive consiste à identifier les pensées et les croyances négatives, puis à les remettre en question et à les remplacer par des pensées plus équilibrées et réalistes. Cela peut se faire en se posant des questions telles que « Quelle est la preuve de cette pensée ? » ou « Y a-t-il une autre façon de regarder cette situation ?

» En pratiquant la restructuration cognitive, les individus peuvent commencer à développer des modes de pensée plus équilibrés et réalistes, ce qui peut conduire à une amélioration de la régulation émotionnelle et du comportement.

En plus de ces techniques, les individus peuvent également utiliser la tenue d'un journal ou l'écriture pour remettre en question et remplacer les pensées négatives. En écrivant leurs pensées et leurs sentiments, les individus peuvent commencer à voir des modèles et des thèmes qui peuvent être liés à des pensées et des croyances négatives. Cela peut être un outil puissant pour remettre en question et remplacer les pensées négatives, et peut aider les individus à développer un plus grand sens de la conscience de soi et de la compréhension.

Il est important de noter que remettre en question et remplacer les pensées négatives ne consiste pas à nier ou à éviter les émotions et les expériences difficiles. Il s'agit plutôt de développer un mode de pensée plus équilibré et plus réaliste, qui peut aider les individus à naviguer plus sainement dans les émotions et les expériences difficiles. En remettant en question et en remplaçant les pensées négatives, les individus peuvent commencer à développer un plus grand sentiment de contrôle sur leurs émotions et leur comportement, ce qui peut conduire à une amélioration de la santé mentale et du bien-être.

Pratiquer des exercices de restructuration cognitive

La pratique d'exercices de restructuration cognitive est un élément essentiel pour remettre en question et remplacer les pensées négatives. Les exercices de restructuration cognitive consistent à identifier les pensées et les croyances négatives, puis à les remettre en question et à les remplacer par des pensées plus équilibrées et réalistes. En pratiquant ces exercices, les individus peuvent commencer à développer des modes de pensée plus équilibrés et plus réalistes, ce qui peut conduire à une amélioration de la régulation émotionnelle et du comportement.

Un exercice de restructuration cognitive que les individus peuvent essayer est la « technique des trois colonnes ». Cet exercice consiste à écrire les pensées et les croyances négatives dans une colonne, à les remettre en question dans une deuxième colonne, puis à les remplacer par des pensées plus équilibrées et réalistes dans une troisième colonne. Par exemple, les individus peuvent écrire la pensée négative « Je suis un échec » dans la première colonne, la contester en se demandant « Quelles preuves ai-je pour cette affirmation ? » dans la deuxième colonne, puis la remplacer par la pensée plus équilibrée et réaliste « J'ai fait des erreurs, mais j'ai aussi eu des succès » dans la troisième colonne.

Un autre exercice de restructuration cognitive que les individus peuvent essayer est la « technique en quatre étapes ». Cet exercice consiste à identifier les pensées et les croyances négatives, à les remettre en question, à les remplacer par des pensées plus équilibrées et plus réalistes, puis à pratiquer les nouvelles pensées et croyances. Par exemple, les individus peuvent identifier la pensée négative « Je ne suis pas assez bon », la contester en se demandant « Quelles preuves ai-je pour cette affirmation ? », la remplacer par la pensée plus équilibrée et réaliste « Je suis capable et compétent », puis pratiquer la nouvelle pensée en se la répétant plusieurs fois par jour.

En plus de ces exercices, les individus peuvent également pratiquer la restructuration cognitive en s'engageant dans des activités qui favorisent la pensée positive et le discours intérieur. Par exemple, les individus peuvent pratiquer des affirmations, qui impliquent de se répéter des déclarations positives à soi-même, telles que « Je suis capable et compétent » ou « Je suis digne et digne d'amour et de respect ». En pratiquant des exercices de restructuration cognitive et en s'engageant dans des activités qui favorisent la pensée positive et le discours intérieur, les individus peuvent commencer à développer des modes de pensée plus équilibrés et réalistes, ce qui peut conduire à une amélioration de la régulation émotionnelle et du comportement.

RÉGULATION ÉMOTIONNELLE ET DÉVELOPPEMENT DES COMPÉTENCES

Chapitre 5

GÉRER SES ÉMOTIONS ET FAIRE FACE À LA DÉTRESSE

La régulation émotionnelle est un aspect essentiel du maintien d'une bonne santé mentale et du bien-être. Il s'agit d'être capable de gérer et de moduler ses émotions de manière saine et adaptative, ce qui est essentiel pour répondre à des situations difficiles et atteindre des objectifs. Lorsque les individus sont capables de réguler efficacement leurs émotions, ils sont mieux à même de faire face au stress et à l'anxiété, de maintenir des relations positives avec les autres et de poursuivre leur croissance et leur développement personnels.

L'une des principales raisons pour lesquelles la régulation émotionnelle est si importante est qu'elle permet aux individus de gérer le stress et l'anxiété de manière saine. Lorsque les individus sont capables de réguler leurs émotions, ils sont moins susceptibles d'éprouver des sentiments accablants d'anxiété et de stress, ce qui peut entraîner une série de conséquences négatives, notamment l'épuisement professionnel et des problèmes de santé mentale. En étant capable de gérer leurs émotions, les individus peuvent réduire leur niveau de stress et améliorer leur bien-être général.

La régulation émotionnelle est également essentielle pour maintenir des relations positives avec les autres. Lorsque les individus sont capables de gérer leurs émotions de manière saine, ils sont mieux en mesure de communiquer efficacement et de répondre de manière appropriée aux besoins des autres. Cela peut conduire à des relations plus fortes et plus significatives et à un plus grand sentiment de connexion et d'appartenance. De plus, la régulation émotionnelle peut aider les individus à être plus empathiques et compréhensifs envers les autres, ce qui peut conduire à des relations plus profondes et plus significatives.

En plus de ses avantages pour la santé mentale et les relations, la régulation émotionnelle est également essentielle pour atteindre les objectifs et poursuivre la croissance personnelle. Lorsque les individus sont capables de gérer leurs émotions, ils sont mieux en mesure de se concentrer sur leurs objectifs et de les poursuivre de manière motivée et enthousiaste. Cela peut conduire à un plus grand succès et à une plus grande réussite dans tous les domaines de la vie, ainsi qu'à un plus grand sens du but et de la direction. En étant capable de réguler leurs émotions, les individus peuvent surmonter les obstacles et les défis, et atteindre leur plein potentiel.

Enfin, la régulation émotionnelle est importante car elle permet aux individus de développer un plus grand sens de la conscience de soi et de la compréhension. En étant capable de reconnaître et de comprendre leurs émotions, les individus peuvent développer un plus grand sens de soi et d'identité, ce qui peut conduire à une plus grande confiance et à une plus grande estime de soi. Cela peut également conduire à un plus grand sens de l'objectif et de l'orientation, car les individus sont mieux en mesure de comprendre leurs valeurs et leurs objectifs. En développant des compétences de régulation émotionnelle, les individus peuvent améliorer leur bien-être général et vivre une vie plus heureuse et plus saine.

Identifier et étiqueter les émotions

L'identification et l'étiquetage des émotions sont une partie essentielle de la régulation émotionnelle. Lorsque les individus sont capables de reconnaître et de comprendre leurs émotions, ils sont mieux en mesure de les gérer et de les réguler de manière saine. Identifier et étiqueter les émotions implique d'être capable de reconnaître les sensations physiques et les appréciations cognitives qui accompagnent les expériences émotionnelles. Il s'agit également de pouvoir étiqueter les émotions de manière spécifique et nuancée, plutôt que de simplement les étiqueter comme « bonnes » ou « mauvaises ».

L'un des principaux avantages de l'identification et de l'étiquetage des émotions est qu'il permet aux individus de développer un plus grand sentiment de conscience de soi et de compréhension. En étant capable de reconnaître et de comprendre leurs émotions, les individus peuvent développer un plus grand sens de soi et d'identité, ce qui peut conduire à une plus grande confiance et à une plus grande estime de soi. Cela peut également conduire à un plus grand sens de l'objectif et de l'orientation, car les individus sont mieux en mesure de comprendre leurs valeurs et leurs objectifs.

L'identification et l'étiquetage des émotions peuvent également aider les individus à développer des stratégies d'adaptation plus efficaces. Lorsque les individus sont capables de reconnaître et de comprendre leurs émotions, ils sont mieux en mesure d'élaborer des stratégies pour les gérer et les réguler de manière saine. Cela peut conduire à une plus grande résilience et à une meilleure gestion du stress, ainsi qu'à une amélioration de la santé mentale et du bien-être. En étant capable d'identifier et d'étiqueter leurs émotions, les individus peuvent faire le premier pas vers l'élaboration de stratégies d'adaptation efficaces et l'amélioration de leur bien-être général.

En plus de ses avantages pour la conscience de soi et les stratégies d'adaptation, l'identification et l'étiquetage des émotions sont également essentiels pour développer l'intelligence émotionnelle. L'intelligence émotionnelle implique d'être capable de reconnaître et de comprendre les émotions en soi et chez les autres, et d'être capable d'utiliser ces informations pour guider la pensée et le comportement. En étant capable d'identifier et d'étiqueter les émotions, les individus peuvent développer un plus grand sens de l'intelligence émotionnelle, ce qui peut conduire à une amélioration des relations et du bien-être général.

Identifier et étiqueter les émotions peut être une tâche difficile, en particulier pour les personnes qui ont vécu un traumatisme ou du stress. Cependant, il existe plusieurs stratégies qui peuvent vous aider. Une stratégie consiste à pratiquer la pleine conscience, ce qui implique de prêter attention au moment présent sans porter de jugement. La pleine conscience peut aider les individus à développer un plus grand sens de la conscience de soi et de la compréhension, et peut leur permettre de reconnaître et de comprendre leurs émotions de manière plus efficace. Une autre stratégie consiste à utiliser des techniques d'étiquetage émotionnel, telles que l'identification et l'étiquetage des émotions dans un journal ou avec un thérapeute. Ces techniques peuvent aider les individus à développer un plus grand sens de la conscience de soi et de la compréhension, et peuvent leur permettre d'élaborer des stratégies d'adaptation plus efficaces.

Techniques de gestion des émotions

La gestion des émotions est une compétence essentielle pour maintenir une bonne santé mentale et un bien-être. Lorsque les individus sont capables de gérer efficacement leurs émotions, ils sont mieux à même de faire face au stress et à l'anxiété, de maintenir des relations positives avec les autres et de poursuivre leur croissance et leur développement personnels. Une technique pour gérer les émotions est la respiration profonde. La respiration profonde consiste à prendre des inspirations lentes et délibérées par le nez et à expirer par la bouche, en se concentrant sur la sensation de la respiration dans le corps. Cela peut aider à calmer le corps et l'esprit, réduisant ainsi les sentiments de stress et d'anxiété.

Une autre technique de gestion des émotions est l'ancrage. L'ancrage consiste à se concentrer sur le moment présent, sans jugement ni distraction. Cela peut être fait en prêtant attention aux cinq sens, tels que la sensation des pieds sur le sol, les sons dans l'environnement ou la sensation de la respiration dans le corps. L'ancrage peut aider les individus à se sentir plus connectés à leur corps et au monde qui les entoure, réduisant ainsi les sentiments de déconnexion et de détresse. De plus, l'ancrage peut aider les individus à développer un plus grand sens de la conscience de soi et de la compréhension, ce qui leur permet de mieux gérer leurs émotions et leurs comportements.

La pleine conscience est une autre technique qui peut être utile dans la gestion des émotions. La pleine conscience consiste à prêter attention au moment présent, sans jugement ni distraction. Cela peut se faire par la méditation, le yoga ou d'autres pratiques de pleine conscience. La pleine conscience peut aider les individus à développer un plus grand sens de la conscience de soi et de la compréhension, ce qui leur permet de mieux gérer leurs émotions et leurs comportements. De plus, la pleine conscience peut aider les individus à développer un plus grand sens de la compassion et de la compréhension pour eux-mêmes et pour les autres, réduisant ainsi les sentiments de stress et d'anxiété.

L'activité physique est également une technique importante pour gérer les émotions. L'activité physique peut aider à réduire les sentiments de stress et d'anxiété, à améliorer l'humeur et à augmenter l'estime de soi. Cela peut se faire par le biais d'activités telles que la marche, la course, la natation ou les sports d'équipe. L'activité physique peut également procurer un sentiment d'accomplissement et de fierté, ce qui peut aider à renforcer l'estime de soi et la confiance. De plus, l'activité physique peut fournir une distraction saine des pensées et des émotions négatives, permettant aux individus de se concentrer sur quelque chose de positif et d'édifiant.

Enfin, l'expression créative est une technique qui peut être utile dans la gestion des émotions. L'expression créative implique de s'engager dans des activités créatives telles que l'art, la musique, l'écriture ou le théâtre. Cela peut fournir un exutoire sain pour les émotions, permettant aux individus d'exprimer et de traiter leurs sentiments de manière positive et constructive. L'expression créative peut également procurer un sentiment d'accomplissement et de fierté, ce qui peut aider à renforcer l'estime de soi et la confiance. De plus, l'expression créative peut fournir une distraction saine des pensées et des émotions négatives, permettant aux individus de se concentrer sur quelque chose de positif et d'édifiant.

Stratégies pour faire face aux émotions intenses

Faire face à des émotions intenses peut être difficile, mais il existe plusieurs stratégies qui peuvent être utiles. Une stratégie consiste à pratiquer l'autocompassion. L'autocompassion implique de se traiter avec gentillesse, compréhension et acceptation, même face à des émotions difficiles. Cela peut se faire en se parlant à soi-même d'une manière aimable et solidaire, en s'engageant dans des activités d'auto-soins et en cherchant le soutien des autres. L'autocompassion peut aider les individus à développer un plus grand sens de la conscience de soi et de la compréhension, ce qui leur permet de mieux gérer leurs émotions et leurs comportements.

Une autre stratégie pour faire face aux émotions intenses consiste à faire de l'activité physique. L'activité physique peut aider à réduire les sentiments de stress et d'anxiété, à améliorer l'humeur et à augmenter l'estime de soi. Cela peut se faire par le biais d'activités telles que la marche, la course, la natation ou les sports d'équipe. L'activité physique peut également procurer un sentiment d'accomplissement et de fierté, ce qui peut aider à renforcer l'estime de soi et la confiance. De plus, l'activité physique peut fournir une distraction saine des pensées et des émotions négatives, permettant aux individus de se concentrer sur quelque chose de positif et d'édifiant.

La pleine conscience est une autre stratégie qui peut être utile pour faire face aux émotions intenses. La pleine conscience consiste à prêter attention au moment présent, sans jugement ni distraction. Cela peut se faire par la méditation, le yoga ou d'autres pratiques de pleine conscience. La pleine conscience peut aider les individus à développer un plus grand sens de la conscience de soi et de la compréhension, ce qui leur permet de mieux gérer leurs émotions et leurs comportements. De plus, la pleine conscience peut aider les individus à développer un plus grand sens de la compassion et de la compréhension pour eux-mêmes et pour les autres, réduisant ainsi les sentiments de stress et d'anxiété.

L'ancrage est également une stratégie qui peut être utile pour faire face aux émotions intenses. L'ancrage consiste à se concentrer sur le moment présent, sans jugement ni distraction. Cela peut être fait en prêtant attention aux cinq sens, tels que la sensation des pieds sur le sol, les sons dans l'environnement ou la sensation de la respiration dans le corps. L'ancrage peut aider les individus à se sentir plus connectés à leur corps et au monde qui les entoure, réduisant ainsi les sentiments de déconnexion et de détresse. De plus, l'ancrage peut aider les individus à développer un plus grand sens de la conscience de soi et de la compréhension, ce qui leur permet de mieux gérer leurs émotions et leurs comportements.

Enfin, chercher le soutien des autres est une stratégie qui peut être utile pour faire face aux émotions intenses. Chercher du soutien auprès des autres peut procurer un sentiment de connexion et de compréhension, ce qui peut aider à réduire les sentiments de stress et d'anxiété.

Cela peut se faire en parlant à un ami ou à un membre de la famille en qui vous avez confiance, en cherchant une thérapie ou des conseils, ou en rejoignant un groupe de soutien. Chercher le soutien des autres peut procurer un sentiment de validation et de compréhension, ce qui peut aider les individus à se sentir moins seuls dans leurs luttes. De plus, la recherche de soutien auprès des autres peut fournir aux individus de nouvelles perspectives et stratégies d'adaptation, ce qui peut les aider à gérer plus efficacement leurs émotions et leurs comportements.

Il est important de noter que faire face à des émotions intenses est un processus et qu'il peut falloir du temps pour trouver les stratégies qui fonctionnent le mieux pour chaque individu. Il est également important de se rappeler qu'il n'y a pas de mal à demander de l'aide et que la recherche de soutien est un signe de force et non de faiblesse. En pratiquant l'autocompassion, en pratiquant l'activité physique, en pratiquant la pleine conscience, en s'ancrant et en cherchant le soutien des autres, les individus peuvent développer les compétences dont ils ont besoin pour gérer leurs émotions et leurs comportements, et vivre une vie plus saine et plus heureuse.

Stratégies supplémentaires pour faire face aux émotions intenses

En plus des stratégies mentionnées ci-dessus, il existe plusieurs autres techniques qui peuvent être utiles pour faire face aux émotions intenses. L'une d'entre elles est la tenue d'un journal, qui consiste à écrire ses pensées et ses sentiments dans un journal. La tenue d'un journal peut aider les individus à gérer leurs émotions et à mieux se comprendre. Une autre technique est l'expression créative, qui consiste à s'engager dans des activités créatives telles que l'art, la musique ou l'écriture. L'expression créative peut fournir un exutoire sain aux émotions et aider les individus à développer un plus grand sens de la conscience de soi et de la compréhension.

La relaxation musculaire progressive est une autre technique qui peut être utile pour faire face aux émotions intenses. La relaxation musculaire progressive consiste à contracter et à détendre différents groupes musculaires du corps, en commençant par les orteils et en remontant vers la tête. Cela peut aider les individus à relâcher les tensions physiques et à favoriser la relaxation. Enfin, la visualisation peut être une technique utile pour faire face aux émotions intenses. La visualisation consiste à imaginer une scène paisible et relaxante, comme une plage ou une forêt, et à utiliser tous les sens pour créer une image mentale vivante. Cela peut aider les individus à calmer leur esprit et leur corps et à réduire les sentiments de stress et d'anxiété.

Il est important de se rappeler que tout le monde éprouve des émotions intenses à un moment donné de sa vie et qu'il n'y a pas de mal à demander de l'aide. En pratiquant l'autocompassion, en pratiquant l'activité physique, en pratiquant la pleine conscience, en s'ancrant, en cherchant le soutien des autres et en utilisant des techniques supplémentaires telles que la tenue d'un journal, l'expression créative, la relaxation musculaire progressive et la visualisation, les individus peuvent développer les compétences dont ils ont besoin pour gérer leurs émotions et leurs comportements, et vivre une vie plus saine et plus heureuse.

Chapitre 6

ACQUÉRIR DE NOUVELLES COMPÉTENCES POUR NAVIGUER DANS DES SITUATIONS DIFFICILES

'apprentissage de techniques de relaxation est une compétence essentielle pour naviguer dans des situations difficiles. Lorsque les individus sont capables de se détendre et de gérer leur niveau de stress, ils sont mieux à même de penser clairement et de prendre des décisions efficaces. Une technique de relaxation qui peut être utile est la relaxation musculaire progressive. La relaxation musculaire progressive consiste à contracter et à détendre différents groupes musculaires du corps, en commençant par les orteils et en remontant vers la tête. Cela peut aider les individus à relâcher les tensions physiques et à favoriser la relaxation.

Une autre technique de relaxation qui peut être utile est la respiration profonde. La respiration profonde consiste à prendre des inspirations lentes et délibérées par le nez et à expirer par la bouche, en se concentrant sur la sensation de la respiration dans le corps. Cela peut aider les individus à calmer leur esprit et leur corps, réduisant ainsi les sentiments de stress et d'anxiété. De plus, la respiration profonde peut aider les individus à développer un plus grand sens de la conscience de soi et de la compréhension, leur permettant de mieux gérer leurs émotions et leurs comportements.

La visualisation est une autre technique de relaxation qui peut être utile. La visualisation consiste à imaginer une scène paisible et relaxante, comme une plage ou une forêt, et à utiliser tous les sens pour créer une image mentale vivante. Cela peut aider les individus à calmer leur esprit et leur corps, réduisant ainsi les sentiments de stress et d'anxiété. De plus, la visualisation peut aider les individus à développer un plus grand sens de la conscience de soi et de la compréhension, ce qui leur permet de mieux gérer leurs émotions et leurs comportements.

La pleine conscience est également une technique de relaxation importante. La pleine conscience consiste à prêter attention au moment présent, sans jugement ni distraction. Cela peut se faire par la méditation, le yoga ou d'autres pratiques de pleine conscience. La pleine conscience peut aider les individus à développer un plus grand sens de la conscience de soi et de la compréhension, ce qui leur permet de mieux gérer leurs émotions et leurs comportements. De plus, la pleine conscience peut aider les individus à développer un plus grand sens de la compassion et de la compréhension pour eux-mêmes et pour les autres, réduisant ainsi les sentiments de stress et d'anxiété.

Enfin, la tenue d'un journal peut être une technique de relaxation utile. La tenue d'un journal consiste à écrire des pensées et des sentiments dans un journal, ce qui permet aux individus de gérer leurs émotions et de mieux se comprendre. Cela peut aider les individus à développer un plus grand sens de la conscience de soi et de la compréhension, ce qui leur permet de mieux gérer leurs émotions et leurs comportements. De plus, la tenue d'un journal peut fournir un exutoire sain pour les émotions, réduisant les sentiments de stress et d'anxiété.

Développer des compétences en résolution de problèmes et en communication

Le développement de compétences en résolution de problèmes et en communication est essentiel pour naviguer dans des situations difficiles. Lorsque les individus sont capables de communiquer et de résoudre efficacement des problèmes, ils sont mieux en mesure de gérer le stress et l'anxiété et d'atteindre leurs objectifs. Une façon de développer des compétences en résolution de problèmes est de s'entraîner à décomposer des problèmes complexes en parties plus petites et plus faciles à gérer. Cela peut aider les individus à identifier les causes profondes des problèmes et à développer des solutions efficaces.

Une autre façon de développer des compétences en résolution de problèmes est de pratiquer le brainstorming. Le brainstorming consiste à générer une liste de solutions potentielles à un problème, sans se soucier de leur faisabilité. Cela peut aider les individus à penser de manière créative et à développer des solutions innovantes aux problèmes. De plus, le brainstorming peut aider les individus à développer un plus grand sentiment de conscience de soi et de compréhension, ce qui leur permet de mieux gérer leurs émotions et leurs comportements.

Une communication efficace est également une compétence importante pour naviguer dans des situations difficiles. Lorsque les individus sont capables de communiquer efficacement, ils sont mieux en mesure d'exprimer leurs besoins et leurs désirs, et d'atteindre leurs objectifs. Une façon de développer des compétences de communication efficaces est de pratiquer l'écoute active. L'écoute active consiste à prêter attention à l'orateur, sans l'interrompre ni le juger, et à répondre de manière réfléchie et empathique. Cela peut aider les individus à établir des relations plus solides et à atteindre leurs objectifs.

Une autre façon de développer des compétences de communication efficaces est de pratiquer l'affirmation de soi. L'affirmation de soi consiste à exprimer ses besoins et ses désirs de manière claire et respectueuse, sans être agressif ou passif. Cela peut aider les individus à établir des relations plus solides et à atteindre leurs objectifs. De plus, l'affirmation de soi peut aider les individus à développer un plus grand sens de la conscience de soi et de la compréhension, ce qui leur permet de mieux gérer leurs émotions et leurs comportements.

Enfin, le développement de l'intelligence émotionnelle est essentiel pour une communication et une résolution de problèmes efficaces. L'intelligence émotionnelle implique d'être capable de reconnaître et de comprendre les émotions en soi et chez les autres, et d'utiliser ces informations pour guider la pensée et le comportement. Cela peut aider les individus à développer un plus grand sens de la conscience de soi et de la compréhension, ce qui leur permet de mieux gérer leurs émotions et leurs comportements. De plus, l'intelligence émotionnelle peut aider les individus à développer un plus grand sens de la compassion et de la compréhension pour eux-mêmes et pour les autres, réduisant ainsi les sentiments de stress et d'anxiété.

Pratiquer l'affirmation de soi et l'établissement de limites

Pratiquer l'affirmation de soi et l'établissement de limites est une compétence essentielle pour naviguer dans des situations difficiles. Lorsque les individus sont en mesure d'exprimer leurs besoins et leurs désirs de manière claire et respectueuse, ils sont mieux en mesure d'établir des relations plus solides et d'atteindre leurs objectifs. L'affirmation de soi consiste à s'exprimer d'une manière respectueuse, mais ferme, sans être agressive ou passive. Cela peut se faire en utilisant des déclarations « je » (je ressens) ou « j'ai besoin », au lieu d'affirmations (tu), qui peuvent sembler accusatrices.

L'établissement de limites est également un aspect important de l'affirmation de soi. Les limites impliquent de fixer des limites sur ce qui est et n'est pas un comportement acceptable de la part des autres. Cela peut aider les individus à protéger leur temps, leur énergie et leur bien-être émotionnel. Fixer des limites peut être difficile, en particulier pour les personnes qui ont du mal à dire non ou à s'affirmer. Cependant, il s'agit d'une compétence essentielle pour établir des relations saines et atteindre des objectifs personnels.

Une façon de pratiquer l'affirmation de soi et l'établissement de limites est d'identifier ses valeurs et ses besoins. Cela peut être fait en réfléchissant à ce qui est important pour vous et à ce dont vous avez besoin pour vous sentir heureux et épanoui. Une fois que vous avez identifié vos valeurs et vos besoins, vous pouvez commencer à les exprimer de manière claire et respectueuse. Cela peut impliquer de fixer des limites avec les autres, par exemple en disant non aux demandes qui ne correspondent pas à vos valeurs ou à vos besoins.

Une autre façon de pratiquer l'affirmation de soi et l'établissement de limites est de pratiquer la pleine conscience. La pleine conscience consiste à prêter attention au moment présent, sans jugement ni distraction. Cela peut aider les individus à développer un plus grand sens de la conscience de soi et de la compréhension, ce qui leur permet de mieux gérer leurs émotions et leurs comportements. En étant plus attentif, les individus peuvent mieux identifier leurs valeurs et leurs besoins, et les exprimer de manière claire et respectueuse.

De plus, la pratique de l'affirmation de soi et de l'établissement de limites peut impliquer de rechercher le soutien des autres. Cela peut impliquer de parler à un thérapeute ou à un conseiller, ou de rejoindre un groupe de soutien. Le fait de demander le soutien d'autres personnes peut fournir aux personnes un environnement sûr et favorable pour pratiquer l'affirmation de soi et l'établissement de limites, et recevoir des commentaires et des conseils des autres.

Développer l'estime de soi et la confiance en soi

Développer l'estime de soi et la confiance est essentiel pour naviguer dans des situations difficiles. Lorsque les individus ont une haute estime de soi et une grande confiance, ils sont mieux en mesure de gérer le stress et l'anxiété et d'atteindre leurs objectifs. L'estime de soi implique d'avoir un sentiment positif d'estime de soi et de se sentir valorisé et respecté. La confiance implique de se sentir capable et compétent, et d'avoir foi en ses capacités.

Une façon de développer l'estime de soi et la confiance est de pratiquer l'autocompassion. L'autocompassion implique de se traiter avec gentillesse, compréhension et acceptation, même face à des émotions ou des expériences difficiles. Cela peut impliquer de pratiquer la pleine conscience et d'être plus doux et compréhensif avec soi-même. En pratiquant l'autocompassion, les individus peuvent développer un sentiment plus positif d'estime de soi et se sentir plus confiants et capables.

Une autre façon de développer l'estime de soi et la confiance est de se concentrer sur les forces et les réalisations. Cela peut impliquer de réfléchir aux succès passés et d'identifier les points forts et les talents. En se concentrant sur les forces et les réalisations, les individus peuvent développer un plus grand sentiment d'estime de soi et de confiance, et se sentir plus capables et compétents.

De plus, le renforcement de l'estime de soi et de la confiance peut impliquer de rechercher le soutien des autres. Cela peut impliquer de parler à un thérapeute ou à un conseiller, ou de rejoindre un groupe de soutien. La recherche de soutien auprès des autres peut fournir aux individus un environnement sûr et favorable pour renforcer leur estime de soi et leur confiance, et recevoir des commentaires et des conseils des autres.

Développer l'estime de soi et la confiance en soi peut passer par prendre soin de soi. Cela peut impliquer de s'engager dans des activités qui apportent de la joie et de l'épanouissement, comme des passe-temps ou des activités créatives. Il peut également s'agir de prendre soin de la santé physique, comme l'exercice et une alimentation saine. En prenant soin de soi, les individus peuvent développer un plus grand sentiment d'estime de soi et de confiance, et se sentir plus capables et compétents.

Enfin, le développement de l'estime de soi et de la confiance peut impliquer la pratique de la gratitude. La gratitude implique de se concentrer sur les aspects positifs de la vie et d'exprimer sa reconnaissance pour ce que l'on a. En pratiquant la gratitude, les individus peuvent développer une vision plus positive de la vie et se sentir plus confiants et capables.

PARTIE 4

TECHNIQUES UTILISÉES DANS LA TCC AXÉE SUR LE TRAUMATISME

Chapitre 7

EXPOSITION PROGRESSIVE À DES SOUVENIRS OU À DES STIMULI TRAUMATISANTS

La thérapie d'exposition est un outil puissant pour gérer les souvenirs et les stimuli traumatiques. À la base, la thérapie d'exposition consiste à aider les individus à affronter et à traiter leurs expériences traumatisantes dans un environnement sûr et contrôlé. En exposant progressivement les individus aux souvenirs traumatisants ou aux stimuli qui déclenchent leur détresse, la thérapie d'exposition vise à réduire les émotions et les comportements négatifs associés au traumatisme.

L'un des principes clés de la thérapie d'exposition est le concept d'habituation. L'habituation fait référence au processus par lequel le cerveau devient moins réactif à un stimulus au fil du temps.

Dans le contexte d'un traumatisme, l'accoutumance peut aider les individus à devenir moins réactifs aux souvenirs ou aux stimuli traumatisants qui déclenchent leur détresse. En exposant à plusieurs reprises les individus au matériel traumatique dans un environnement contrôlé, la thérapie d'exposition aide le cerveau à s'habituer au stimulus, réduisant ainsi les émotions et les comportements négatifs qui y sont associés.

Un autre principe important de la thérapie d'exposition est le concept de traitement émotionnel. Le traitement émotionnel fait référence à la capacité de reconnaître, d'accepter et d'intégrer des expériences traumatisantes dans son récit. La thérapie d'exposition aide les individus à traiter leurs expériences traumatisantes en les encourageant à confronter et à explorer leurs émotions, leurs pensées et leurs croyances sur le traumatisme. Ce faisant, les individus peuvent développer un plus grand sentiment de contrôle et de maîtrise de leurs expériences traumatisantes, réduisant ainsi l'impact négatif du traumatisme sur leur vie quotidienne.

La thérapie d'exposition repose également sur le principe de la réévaluation cognitive. La réévaluation cognitive fait référence à la capacité de réévaluer et de réinterpréter les expériences traumatisantes sous un jour plus positif ou neutre. En aidant les individus à réévaluer leurs expériences traumatisantes, la thérapie d'exposition peut réduire les émotions et les croyances négatives associées au traumatisme. Cela peut conduire à une meilleure régulation émotionnelle, à une réduction des comportements d'évitement et à une amélioration du bien-être général.

La thérapie d'exposition est basée sur le principe de l'auto-efficacité. L'auto-efficacité fait référence à la croyance en sa capacité à gérer et à surmonter les défis. En aidant les individus à affronter et à surmonter leurs expériences traumatisantes, la thérapie d'exposition peut améliorer l'auto-efficacité, conduisant à une amélioration de la confiance, de la motivation et du bien-être général.

Enfin, la thérapie d'exposition est guidée par le principe de la collaboration thérapeute-client. La collaboration thérapeute-client fait référence à la participation active du thérapeute et du client dans le processus de thérapie d'exposition. En travaillant ensemble, le thérapeute et le client peuvent élaborer un plan d'exposition personnalisé qui répond aux besoins et aux objectifs uniques du client. Cette approche collaborative peut améliorer l'efficacité de la thérapie d'exposition, ce qui permet d'améliorer les résultats et de réduire la détresse.

Création d'une hiérarchie des stimuli traumatiques

La création d'une hiérarchie des stimuli traumatiques est une étape cruciale dans le processus de thérapie d'exposition. Il s'agit d'identifier et de classer les souvenirs ou les stimuli traumatisants qui déclenchent la détresse, du moins au plus pénible. En créant une hiérarchie, les individus peuvent progressivement se frayer un chemin jusqu'à faire face aux expériences traumatisantes les plus pénibles, en renforçant leur confiance et leur maîtrise en cours de route.

Pour créer une hiérarchie, les individus peuvent commencer par dresser une liste de tous les souvenirs ou stimuli traumatisants qui déclenchent la détresse. Il peut s'agir d'images, de sons, d'odeurs ou d'autres expériences sensorielles qui évoquent une réponse traumatisante. Par exemple, quelqu'un qui a eu un accident de voiture peut citer les bruits de pneus qui grincent ou l'odeur de la fumée comme déclencheurs. Ensuite, les individus peuvent classer chaque élément de la liste en fonction de son niveau de détresse, les éléments les moins pénibles étant en bas et les plus pénibles en haut.

Il est important de noter que la création d'une hiérarchie est un processus très individualisé, et que ce qui peut être pénible pour une personne peut ne pas l'être pour une autre. Par exemple, une personne qui a vécu un événement traumatisant dans un endroit spécifique peut constater que certains endroits ou environnements déclenchent de la détresse, alors que d'autres ne le peuvent pas. De plus, la hiérarchie peut devoir être révisée au fil du temps au fur et à mesure que les individus progressent dans le processus de thérapie d'exposition. Au fur et à mesure que les individus deviennent plus confiants et plus à l'aise pour faire face à leurs expériences traumatisantes, ils peuvent constater que leur hiérarchie doit être ajustée pour refléter leurs progrès.

La création d'une hiérarchie peut être un processus difficile et émotionnel, car elle oblige les individus à affronter et à reconnaître leurs expériences traumatisantes. Cependant, avec le soutien d'un thérapeute ou d'un conseiller qualifié, les individus peuvent suivre ce processus et développer une hiérarchie personnalisée qui répond à leurs besoins et objectifs uniques. Ce faisant, les individus peuvent faire le premier pas vers la guérison et le rétablissement, et commencer à construire une vie plus épanouissante et plus significative.

En plus d'identifier et de classer les stimuli traumatiques, la création d'une hiérarchie implique également l'élaboration d'un plan pour confronter chaque élément de la liste. Il peut s'agir d'imaginer l'expérience traumatisante, de regarder des photos ou des vidéos liées au traumatisme ou de s'engager dans des activités qui déclenchent des souvenirs du traumatisme. En élaborant un plan, les individus peuvent se sentir plus en contrôle et mieux préparés à mesure qu'ils gravissent les échelons de la hiérarchie, en affrontant progressivement leurs expériences traumatisantes et en renforçant leur confiance et leur maîtrise en cours de route.

Pratiquer l'exposition progressive à des souvenirs ou à des stimuli traumatisants

La pratique de l'exposition progressive à des souvenirs ou à des stimuli traumatisants est au cœur de la thérapie d'exposition. Il s'agit de se confronter progressivement aux expériences traumatisantes ou aux stimuli qui déclenchent la détresse, dans un environnement contrôlé et sécuritaire. Ce faisant, les individus peuvent renforcer leur confiance et leur maîtrise des expériences traumatisantes, réduisant ainsi leur détresse et améliorant leur bien-être général.

L'exposition progressive peut prendre plusieurs formes, selon les besoins et les objectifs de l'individu. Pour certains, il peut s'agir d'imaginer l'expérience traumatisante dans les moindres détails, tandis que pour d'autres, il peut s'agir de s'engager dans des activités qui déclenchent des souvenirs du traumatisme. Par exemple, une personne qui a vécu un événement traumatisant dans un endroit spécifique peut commencer par s'imaginer à cet endroit, et progressivement jusqu'à visiter l'endroit en personne. La clé est de commencer petit et d'augmenter progressivement l'intensité de l'exposition au fil du temps.

Il est important de noter que l'exposition progressive doit toujours se faire dans un environnement contrôlé et sûr, avec le soutien d'un thérapeute ou d'un conseiller qualifié. Cela peut aider les personnes à se sentir plus en sécurité et soutenues lorsqu'elles font face à leurs expériences traumatisantes, réduisant ainsi le risque d'accablement ou de rechute. De plus, l'exposition progressive doit se faire à un rythme qui semble confortable et gérable pour l'individu, avec des pauses régulières et des occasions de traiter et de réfléchir à leurs expériences.

Au fur et à mesure que les individus progressent dans le processus d'exposition progressive, ils peuvent ressentir une gamme d'émotions et de sensations physiques. Cela peut inclure de l'anxiété, de la peur, de la tristesse ou même des symptômes physiques comme un cœur qui s'emballe ou la transpiration. Il est important de se rappeler que ces symptômes font partie intégrante du processus normal de thérapie d'exposition et qu'ils s'atténueront avec le temps à mesure que les individus développeront leur tolérance et leur confiance. Avec le soutien d'un thérapeute ou d'un conseiller qualifié, les individus peuvent apprendre à gérer ces symptômes et à développer des stratégies d'adaptation pour faire face à tous les défis qui se présentent.

L'exposition progressive peut être un outil puissant de guérison et de rétablissement, permettant aux individus d'affronter et de surmonter leurs expériences traumatisantes dans un environnement sûr et contrôlé. En renforçant progressivement leur confiance et leur maîtrise des expériences traumatisantes, les individus peuvent réduire leur détresse et améliorer leur bien-être général, développant ainsi une vie plus épanouissante et plus significative. Avec le soutien d'un thérapeute ou d'un conseiller qualifié, les individus peuvent faire le premier pas vers la guérison et le rétablissement, et commencer à se construire un avenir meilleur.

Chapitre 8

THÉRAPIE DU TRAITEMENT COGNITIF (CPT)

Traiter les expériences traumatisantes et remettre en question les croyances négatives

La thérapie de traitement cognitif (CPT) est une approche puissante pour traiter les expériences traumatisantes et remettre en question les croyances négatives. Développé par la Dre Patricia Resick, le CPT est basé sur l'idée que les expériences traumatisantes peuvent conduire à des schémas de pensée déformés ou inutiles, ce qui peut perpétuer la détresse et empêcher le rétablissement. En comprenant les principes de la CPT, les indivicus peuvent apprendre à identifier et à remettre en question ces pensées et croyances négatives, et à développer des modes de pensée plus équilibrés et adaptatifs.

À la base, la CPT est basée sur l'idée que les pensées, les sentiments et les comportements sont interconnectés. Lorsque nous vivons un événement traumatisant, nos pensées et nos croyances à propos de l'événement peuvent être déformées ou bloquées, entraînant des émotions négatives et des comportements problématiques. La CPT aide les individus à identifier ces pensées et croyances déformées et à les remettre en question dans un environnement sûr et favorable. Ce faisant, les individus peuvent développer un mode de pensée plus équilibré et adaptatif, et réduire leur détresse et leurs symptômes.

L'un des principes clés de la CPT est l'idée de restructuration cognitive. Cela implique d'identifier les pensées et les croyances négatives, et de les remettre en question en les recadrant de manière plus équilibrée et adaptative. Par exemple, une personne qui a vécu un événement traumatisant peut croire qu'elle est responsable de ce qui s'est passé. Grâce à la CPT, ils peuvent apprendre à remettre en question cette croyance en la reformulant comme suit : « L'événement traumatisant n'était pas de ma faute, et j'ai fait de mon mieux dans une situation difficile ».

Un autre principe important du CPT est l'idée de conscience de soi. Cela implique de développer une meilleure compréhension de ses pensées, de ses sentiments et de ses comportements, et de son impact sur la vie quotidienne. En augmentant la conscience de soi, les individus peuvent mieux identifier les schémas de pensée déformés ou inutiles et développer des moyens plus adaptatifs de faire face au stress et aux traumatismes.

Identifier et remettre en question les pensées et les croyances négatives

Identifier et remettre en question les pensées et les croyances négatives est un élément essentiel de la CPT. Cela implique de développer une plus grande conscience de ses pensées et de ses croyances, et d'apprendre à les évaluer de manière plus objective et équilibrée. Ce faisant, les individus peuvent identifier les schémas de pensée déformés ou inutiles et les mettre au défi dans un environnement sûr et favorable.

Une façon d'identifier les pensées et les croyances négatives est de prêter attention au dialogue interne. Cela implique de remarquer ce que nous nous disons et comment nous nous parlons, surtout en période de stress ou de détresse. Par exemple, une personne qui souffre d'anxiété peut remarquer qu'elle se dit souvent « Je ne suis pas assez bien et je ne pourrai jamais gérer cela ». En remarquant ces pensées, ils peuvent commencer à les remettre en question et développer des modes de pensée plus équilibrés et adaptatifs.

Une autre façon d'identifier les pensées et les croyances négatives est de rechercher des modèles de comportement. Il s'agit de remarquer comment nous agissons dans certaines situations et comment notre comportement peut être guidé par des schémas de pensée déformés ou inutiles. Par exemple, quelqu'un qui évite les situations sociales peut être poussé par la croyance « Je ne suis pas assez bon, et les autres me rejetteront ». En remarquant ce modèle, ils peuvent commencer à remettre en question la croyance sous-jacente et développer des moyens plus adaptatifs de faire face aux situations sociales.

Remettre en question les pensées et les croyances négatives implique de les évaluer de manière plus objective et équilibrée. Cela peut impliquer de se poser des questions telles que « Cette pensée est-elle vraiment vraie ? » « Y a-t-il une autre façon de voir cette situation ? » ou « Que dirais-je à un ami dans une situation similaire ? » En remettant en question les pensées et les croyances négatives, les individus peuvent développer des modes de pensée plus équilibrés et adaptatifs, et réduire leur détresse et leurs symptômes.

Pratiquer les exercices et les feuilles de travail CPT

La pratique des exercices et des feuilles de travail CPT est une partie essentielle du processus CPT. Ces exercices et feuilles de travail aident les individus à identifier et à remettre en question les pensées et les croyances négatives, et à développer des modes de pensée plus équilibrés et adaptatifs. En pratiquant des exercices et des feuilles de travail CPT, les individus peuvent développer un plus grand sentiment de conscience de soi et apprendre à gérer leurs symptômes et leurs comportements de manière plus efficace.

L'un des exercices clés du CPT est le « Thought Record ». Cela implique d'écrire les pensées et les croyances négatives, puis de les remettre en question en les recadrant de manière plus équilibrée et adaptative. Par exemple, une personne qui souffre d'anxiété peut écrire la pensée « Je ne suis pas assez bien et je ne pourrai jamais gérer cela ». Ils peuvent ensuite remettre en question cette pensée en la recadrant comme suit : « Je suis capable et compétent, et j'ai déjà géré des situations difficiles auparavant. »

Un autre exercice important de CPT est l'« échelle d'évaluation des croyances ». Il s'agit d'évaluer les croyances négatives sur une échelle de 0 à 100, puis de les remettre en question en les recadrant de manière plus équilibrée et adaptative. Par exemple, une personne qui souffre de TSPT peut évaluer la croyance « Je suis à blâmer pour l'événement traumatisant » à 90. Ils peuvent ensuite remettre en question cette croyance en la recadrant comme suit : « L'événement traumatisant n'était pas de ma faute, et j'ai fait de mon mieux dans une situation difficile. »

Traiter les expériences traumatisantes grâce à la CPT

Le traitement des expériences traumatisantes par le biais de la CPT implique l'utilisation des compétences et des techniques apprises dans les exercices et les feuilles de travail pour traiter l'expérience traumatique. Cela peut impliquer d'identifier et de remettre en question les pensées et les croyances négatives au sujet de l'expérience traumatisante, et de développer des modes de pensée plus équilibrés et adaptatifs. En traitant les expériences traumatisantes par le biais de la CPT, les individus peuvent réduire leur détresse et leurs symptômes, et développer un plus grand sentiment de contrôle et de maîtrise de leurs expériences.

Une façon de traiter les expériences traumatisantes par le biais de la CPT est d'utiliser la technique du « récit du traumatisme ». Cela implique d'écrire l'expérience traumatisante en détail, puis de remettre en question les pensées et les croyances négatives qui surgissent. Par exemple, quelqu'un qui a eu un accident de voiture peut écrire les détails de l'accident, puis remettre en question les pensées et les croyances négatives qui surgissent, telles que « Je suis à blâmer pour l'accident ».

Une autre façon de traiter les expériences traumatisantes par le biais de la CPT est d'utiliser la technique de la « restructuration cognitive ». Il s'agit d'identifier les pensées et les croyances négatives à propos de l'expérience traumatisante, puis de les remettre en question en les recadrant de manière plus équilibrée et adaptative. Par exemple, une personne qui a vécu un événement traumatisant peut se dire : « Je ne suis pas en sécurité et je ne pourrai plus jamais faire confiance à quelqu'un. » Ils peuvent ensuite remettre en question cette pensée en la recadrant comme suit : « Je suis en sécurité, et je peux avoir confiance en moi et en confiance pour protéger les autres. »

Le traitement des expériences traumatisantes par le biais de la CPT implique l'utilisation des compétences et des techniques apprises dans les exercices et les feuilles de travail pour traiter l'expérience traumatique. Cela peut impliquer d'identifier et de remettre en question les pensées et les croyances négatives au sujet de l'expérience traumatisante, et de développer des modes de pensée plus équilibrés et adaptatifs. En traitant les expériences traumatisantes par le biais de la CPT, les individus peuvent réduire leur détresse et leurs symptômes, et développer un plus grand sentiment de contrôle et de maîtrise de leurs expériences.

L'un des principaux avantages du traitement des expériences traumatisantes par le biais de la CPT est qu'il permet aux individus de développer un plus grand sentiment de contrôle et de maîtrise de leurs expériences. Lorsque les individus sont capables de gérer leurs expériences traumatisantes dans un environnement sûr et favorable, ils peuvent commencer à se sentir plus en contrôle de leurs pensées, sentiments et comportements. Cela peut conduire à une réduction de la détresse et des symptômes, ainsi qu'à une amélioration du bien-être général.

Un autre avantage du traitement des expériences traumatisantes par le biais de la CPT est qu'il permet aux individus de développer des modes de pensée plus équilibrés et adaptatifs. En remettant en question les pensées et les croyances négatives et en les recadrant de manière plus équilibrée et adaptative, les individus peuvent développer une vision plus positive et optimiste de la vie. Cela peut entraîner une amélioration de la santé mentale et du bien-être général, ainsi qu'une réduction de la détresse et des symptômes.

Le traitement des expériences traumatisantes par le ebiais de la CPT peut être un processus difficile et émotionnel, car il oblige les individus à confronter et à remettre en question leurs pensées et croyances négatives. Cependant, avec le soutien d'un thérapeute ou d'un conseiller qualifié, les individus peuvent apprendre à gérer leurs symptômes et leurs comportements de manière plus efficace, et développer un plus grand sentiment de contrôle et de maîtrise de leurs expériences. En traitant les expériences traumatisantes par le biais de la CPT, les individus peuvent faire le premier pas vers la guérison et le rétablissement, et développer une vie plus épanouissante et plus significative.

En plus des avantages mentionnés ci-dessus, le traitement des expériences traumatisantes par le biais de la CPT peut également conduire à une amélioration des relations et du fonctionnement quotidien. En développant des modes de pensée plus équilibrés et adaptatifs, les individus peuvent améliorer leurs relations avec les autres et développer des capacités d'adaptation plus efficaces. Cela peut conduire à une amélioration du fonctionnement quotidien et à une réduction de la détresse et des symptômes.

Dans l'ensemble, le traitement des expériences traumatisantes par le biais de la CPT est un moyen efficace de gérer les symptômes et les comportements, et de développer un plus grand sentiment de contrôle et de maîtrise des expériences. En utilisant les compétences et les techniques acquises dans le cadre de la CPT, les individus peuvent réduire leur détresse et leurs symptômes, et améliorer leur santé mentale et leur bien-être en général. Avec le soutien d'un thérapeute ou d'un conseiller qualifié, les individus peuvent apprendre à gérer leurs symptômes et leurs comportements de manière plus efficace et développer une vie plus épanouissante et plus significative.

Chapitre 9

DÉSENSIBILISATION ET RETRAITEMENT PAR LES MOUVEMENTS OCULAIRES (EMDR)

Combiner les mouvements oculaires avec le traitement des souvenirs traumatisants

La désensibilisation et le retraitement par les mouvements oculaires (EMDR) est une approche thérapeutique puissante qui a été largement utilisée pour traiter les traumatismes et autres problèmes de santé mentale. Développé par la Dre Francine Shapiro, l'EMDR est basé sur l'idée que les souvenirs traumatiques sont stockés dans un état « figé » dans le cerveau, et que les mouvements oculaires ou d'autres formes de stimulation peuvent aider à « dégeler » ces souvenirs et leur permettre d'être retraités de manière saine.

À la base, l'EMDR est basé sur l'idée que le cerveau est capable de retraiter les souvenirs traumatiques d'une manière similaire à la façon dont il traite d'autres souvenirs. Lorsque nous vivons un événement traumatisant, notre cerveau peut devenir « coincé » dans un état d'hyperexcitation, ce qui rend difficile pour nous de traiter l'événement de manière saine. L'EMDR utilise des mouvements oculaires ou d'autres formes de stimulation pour aider le cerveau à « se décoller » et à commencer à retraiter la mémoire traumatique de manière saine.

L'un des principes clés de l'EMDR est l'idée du double traitement. Il s'agit de l'idée que le cerveau est capable de traiter l'information de deux manières différentes : verbalement et visuellement. Le traitement verbal implique l'utilisation du langage pour comprendre et donner un sens au monde, tandis que le traitement visuel implique l'utilisation d'images et d'informations sensorielles. L'EMDR utilise des mouvements oculaires ou d'autres formes de stimulation pour activer le système de traitement visuel, permettant au cerveau de retraiter les souvenirs traumatiques de manière saine.

Un autre principe important de l'EMDR est l'idée du modèle de « traitement adaptatif de l'information ». Ce modèle suggère que le cerveau traite constamment des informations et met à jour nos souvenirs et nos croyances en fonction de nouvelles informations. L'EMDR utilise des mouvements oculaires ou d'autres formes de stimulation pour aider le cerveau à mettre à jour les souvenirs traumatiques et à les intégrer dans nos réseaux de mémoire existants de manière saine.

Pratiquer des mouvements oculaires ou d'autres formes de stimulation

La pratique des mouvements oculaires ou d'autres formes de stimulation est un élément essentiel de l'EMDR. Au cours d'une séance d'EMDR, le thérapeute demandera généralement au client de se concentrer sur un souvenir traumatique tout en subissant simultanément des mouvements oculaires ou d'autres formes de stimulation. Les mouvements oculaires ou la stimulation sont conçus pour activer le système de traitement visuel et aider le cerveau à retraiter le souvenir traumatique de manière saine.

Il existe plusieurs façons de pratiquer les mouvements oculaires ou d'autres formes de stimulation pendant l'EMDR. Une approche courante consiste à utiliser une barre lumineuse ou un autre stimulus visuel qui se déplace d'avant en arrière devant les yeux du client. Le client est ensuite invité à suivre le mouvement de la barre lumineuse avec ses yeux, tout en se concentrant simultanément sur la mémoire traumatique.

Une autre approche consiste à utiliser la stimulation auditive, comme un ton ou de la musique, pour activer le système de traitement visuel. Cela peut être particulièrement utile pour les clients qui ont des difficultés avec les mouvements oculaires ou qui préfèrent une autre forme de stimulation.

En plus des mouvements oculaires et de la stimulation auditive, certains thérapeutes peuvent également utiliser d'autres formes de stimulation, telles que le tapotement ou les vibrations, pour activer le système de traitement visuel. La clé est de trouver une forme de stimulation qui fonctionne le mieux pour le client et qui l'aide à retraiter les souvenirs traumatisants de manière saine.

Dans l'ensemble, l'EMDR est une approche thérapeutique puissante qui a été largement utilisée pour traiter les traumatismes et autres problèmes de santé mentale. En comprenant les principes de l'EMDR et en pratiquant les mouvements oculaires ou d'autres formes de stimulation, vous pouvez commencer à retraiter les souvenirs traumatiques de manière saine et progresser vers la guérison et le rétablissement.

Traiter les souvenirs traumatiques avec l'EMDR

Le traitement des souvenirs traumatiques avec l'EMDR est un processus complexe et hautement individualisé. Il faut un thérapeute qualifié qui peut guider le client tout au long du processus et l'aider à naviguer dans les émotions et les sensations intenses qui peuvent surgir. L'objectif de l'EMDR est d'aider le client à retraiter le souvenir traumatique d'une manière moins pénible et plus adaptative.

Le processus de traitement des souvenirs traumatiques avec l'EMDR commence généralement par l'identification par le client d'un souvenir traumatique spécifique sur lequel il aimerait travailler.

Le thérapeute demandera ensuite au client de décrire le souvenir en détail, y compris les images, les sons, les odeurs ou d'autres informations sensorielles associées au souvenir. Le client sera également invité à identifier toute croyance ou émotion négative associée au souvenir.

Une fois que le client a décrit le souvenir et identifié les croyances et les émotions négatives qui y sont associées, le thérapeute commencera le processus EMDR. Cela implique généralement que le client suive une barre lumineuse ou un autre stimulus visuel avec ses yeux, tout en se concentrant simultanément sur la mémoire traumatique. Le thérapeute peut également utiliser une stimulation auditive, comme un ton ou de la musique, pour améliorer le processus.

Au fur et à mesure que le client subit le processus EMDR, il peut ressentir une gamme d'émotions et de sensations. Ils peuvent ressentir un sentiment de relaxation ou de calme, ou ils peuvent ressentir un sentiment d'anxiété ou de détresse. Ils peuvent également ressentir des sensations physiques, telles que des picotements ou un engourdissement dans les mains ou les pieds. Le thérapeute travaillera avec le client pour traiter ces émotions et sensations, et l'aidera à développer un plus grand sentiment de contrôle et de maîtrise de la mémoire traumatique.

Intégrer l'EMDR dans le traitement des traumatismes

L'intégration de l'EMDR dans le traitement des traumatismes est une partie importante du processus thérapeutique. L'EMDR peut être utilisé en conjonction avec d'autres approches thérapeutiques, telles que la thérapie cognitivo-comportementale (TCC) ou la thérapie psychodynamique, pour améliorer l'efficacité du traitement. Il peut également être utilisé comme traitement autonome des traumatismes.

L'un des principaux avantages de l'intégration de l'EMDR dans le traitement des traumatismes est qu'il peut aider les clients à traiter les souvenirs traumatiques d'une manière moins pénible et plus adaptative. L'EMDR peut également aider les clients à développer un plus grand sentiment de contrôle et de maîtrise de leurs souvenirs traumatiques, ce qui peut entraîner une réduction des symptômes et une amélioration de la santé mentale globale.

Un autre avantage de l'intégration de l'EMDR dans le traitement des traumatismes est qu'il peut être adapté pour répondre aux besoins individuels de chaque client. Le thérapeute peut travailler avec le client pour élaborer un plan de traitement personnalisé qui tient compte de ses expériences et de ses objectifs uniques. Cela peut aider à s'assurer que le client reçoit le traitement le plus efficace possible et qu'il est en mesure d'atteindre ses objectifs dans un environnement sûr et favorable.

En plus de son efficacité dans le traitement des traumatismes, l'EMDR peut également être utilisé pour traiter une gamme d'autres problèmes de santé mentale, notamment l'anxiété, la dépression et le trouble de stress post-traumatique (SSPT). Il peut également être utilisé pour améliorer les performances et améliorer la santé mentale et le bien-être en général.

Dans l'ensemble, l'intégration de l'EMDR dans le traitement des traumatismes est une partie importante du processus thérapeutique. Cela peut aider les clients à traiter les souvenirs traumatisants d'une manière moins pénible et plus adaptative, et peut conduire à une réduction des symptômes et à une amélioration de la santé mentale globale. En travaillant avec un thérapeute qualifié, les clients peuvent élaborer un plan de traitement personnalisé qui tient compte de leurs expériences et objectifs uniques, et peuvent atteindre leurs objectifs dans un environnement sûr et favorable.

Conclusion

Le traumatisme est une expérience complexe et multiforme qui peut avoir un impact profond sur nos vies. Elle peut toucher n'importe qui, quel que soit son âge, son sexe ou ses origines, et peut résulter d'un large éventail d'expériences, notamment la violence physique ou psychologique, la négligence, les accidents, les catastrophes naturelles et les combats. Les traumatismes peuvent entraîner le développement d'un trouble de stress post-traumatique (TSPT), d'anxiété et de dépression, et peuvent également affecter nos relations, notre travail et notre vie quotidienne.

L'impact des traumatismes sur la santé mentale est important, et la recherche d'une aide professionnelle est essentielle à la guérison et au rétablissement. La thérapie de traitement cognitif (CPT) et la désensibilisation et le retraitement des mouvements oculaires (EMDR) sont deux thérapies efficaces qui peuvent aider les individus à traiter les expériences traumatisantes et à développer un plus grand sentiment de contrôle et de maîtrise de leurs souvenirs traumatiques. La CPT implique une restructuration cognitive, qui aide les individus à remettre en question les pensées et les croyances négatives, tandis que l'EMDR implique des mouvements oculaires ou d'autres formes de stimulation pour activer les centres de traitement du cerveau.

La mémoire joue un rôle crucial dans le traumatisme, et les expériences traumatisantes peuvent être stockées dans la mémoire implicite et explicite. Les souvenirs traumatisants peuvent être déclenchés par des images, des sons, des odeurs et d'autres stimuli sensoriels, et le traitement de ces souvenirs est essentiel à la guérison et au rétablissement. Établir la confiance et établir des limites saines est essentiel à la guérison et au rétablissement, et il est essentiel de demander le soutien de ses proches et de professionnels pour développer un sentiment de sécurité.

Prendre soin de soi est également essentiel à la guérison et au rétablissement, et implique de s'engager dans des activités qui apportent joie et détente. La pratique de la pleine conscience, de la méditation et de l'expression créative peut aider les individus à développer un plus grand sens de la conscience de soi et de l'autocompassion, et peut réduire les symptômes de l'anxiété et de la dépression. Le traitement des expériences traumatisantes et la remise en question des croyances négatives sont des éléments essentiels du processus de guérison, et la recherche du soutien de professionnels et d'êtres chers est essentielle pour développer un mode de pensée plus équilibré et adaptatif.

Dans l'ensemble, la guérison d'un traumatisme nécessite une approche globale qui intègre la thérapie, les soins personnels et le soutien des autres. En cherchant de l'aide et du soutien, les individus peuvent développer un plus grand sentiment de contrôle et de maîtrise de leurs souvenirs traumatisants, et peuvent construire une vie plus épanouissante et plus significative.

Alors que nous arrivons à la fin de ce livre, il est important de se rappeler que la guérison d'un traumatisme est un voyage, pas une destination. Cela demande du temps, des efforts et du soutien, mais c'est possible. Nous espérons que les informations et les stratégies présentées dans ce livre vous ont été utiles dans votre propre cheminement vers la guérison.

N'oubliez pas que vous n'êtes pas seul dans vos expériences et qu'il existe de nombreuses ressources disponibles pour vous soutenir. N'ayez pas peur de demander de l'aide lorsque vous en avez besoin et n'abandonnez pas. Vous êtes capable de guérison et de croissance, et vous méritez de vivre une vie épanouissante et pleine de sens.

Nous vous encourageons à poursuivre votre cheminement de guérison et à chercher des ressources et du soutien supplémentaires au besoin. N'oubliez pas d'être gentil avec vous-même et de pratiquer l'autocompassion, et n'hésitez pas à demander de l'aide lorsque vous en avez besoin. Vous avez compris